¿Qué es Juneteenth?

Kirsti Jewel
Ilustraciones de Manuel Gutiérrez
Traducción de Isabel C. Mendoza

Para Kwame, Rayshaun, Mila y todos
mis antiguos estudiantes —KJ

© 2025, Vista Higher Learning, Inc.
500 Boylston Street, Suite 620
Boston, MA 02116-3736
www.vistahigherlearning.com
www.loqueleo.com/us

© Del texto y las ilustraciones: 2022, Penguin Random House, LLC

Publicado originalmente en Estados Unidos bajo el título *What Is Juneteenth?*
por Penguin Workshop. Esta traducción ha sido publicada bajo acuerdo con
Penguin Workshop, un sello editorial de Penguin Young Readers Group,
una división de Penguin Random House LLC.

Dirección Creativa: José A. Blanco
Vicedirector Ejecutivo y Gerente General, K–12: Vincent Grosso
Desarrollo Editorial: Salwa Lacayo, Lisset López, Isabel C. Mendoza
Diseño: Radoslav Mateev, Gabriel Noreña, Andrés Vanegas, Manuela Zapata
Coordinación del proyecto: Karys Acosta, Tiffany Kayes
Derechos: Jorgensen Fernandez, Annie Pickert Fuller, Kristine Janssens
Producción: Thomas Casallas, Oscar Díez, Sebastián Díez, Andrés Escobar,
Adriana Jaramillo, Daniel Lopera, Daniela Peláez
Traducción: Isabel C. Mendoza
Ilustraciones: Manuel Gutiérrez

¿Qué es Juneteenth?
ISBN: 978-1-66993-580-3

Todos los derechos reservados. Esta publicación no puede ser reproducida, ni en todo ni
en parte, ni registrada en o transmitida por un sistema de recuperación de información, en
ninguna forma ni por ningún medio, sea mecánico, fotoquímico, electrónico, magnético,
electroóptico, por fotocopia o cualquier otro, sin el permiso previo, por escrito, de la editorial.

Printed in the United States of America

1 2 3 4 5 6 7 8 9 GP 30 29 28 27 26 25

Índice

¿Qué es Juneteenth? 1

Siglos de esclavitud. 12

¡La lucha por la libertad!. 27

Recién liberados 34

Las primeras celebraciones 42

En busca de un espacio. 51

La migración de Juneteenth 61

1968: se revive la celebración 68

Las celebraciones de hoy. 78

El Jubileo del 2020. 89

Juneteenth se vuelve oficial. 97

Líneas cronológicas. 106

Bibliografía. 108

¿Qué es Juneteenth?

19 de junio de 1865

Se rumoraba en todo Galveston, Texas, que se había firmado un documento. Un documento que les otorgaba la libertad a todas las personas esclavizadas de los estados del Sur. Los texanos fueron los últimos en enterarse de la noticia que había cambiado a todo Estados Unidos.

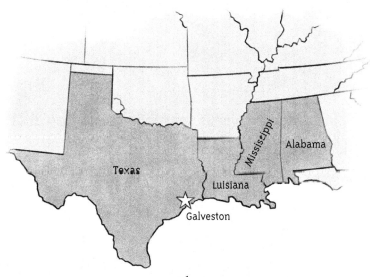

Era 1865, y las personas negras habían padecido la esclavitud por más de doscientos años. Para entonces, la mayoría de los estados del Norte la habían declarado ilegal. En el Sur, sin embargo, era legal, y gente blanca adinerada seguía usando el trabajo forzado y sin paga de personas negras para enriquecerse todavía más.

Hay diferentes versiones sobre lo que pasó el 19 de junio de 1865, pero la que más se cuenta dice que se le pidió a toda la gente del pueblo (tanto a los negros como a los blancos que los esclavizaban)

que se reuniera en Villa Ashton. Este había sido el cuartel general del Ejército del Sur durante la Guerra Civil (en la cual se enfrentaron los estados del Norte y los del Sur durante cuatro largos años).

Algunas de las personas negras que acudieron esperaban que se anunciara el final de la guerra. Por un tiempo, parecía que el Norte iba ganando. Quizás por eso se había visto marchando por Galveston a soldados de las Tropas de Color de los EE. UU. (USCT, por sus siglas en inglés), una unidad de soldados negros que luchó del lado del Ejército de la Unión. Si el Norte había ganado la guerra, ¿qué implicaba esto para los estados del Sur y, principalmente, para la gente negra? El teniente general Gordon Granger se asomó al balcón que daba hacia donde estaba la multitud. Leyó una nota escrita a mano que oficialmente se llamaba Orden General No. 3, y que resumía aquel documento famoso llamado la Proclama de Emancipación. (Emancipar a la gente significa liberarla).

Granger dijo: "Se le informa a la gente de Texas que, de acuerdo con una proclama del Ejecutivo de Estados Unidos [el presidente Abraham Lincoln], todos los esclavos son libres".

¡Libres!

Tan pronto escucharon la palabra *libres*, ¡las personas negras dieron vivas y gritos de alegría! Porque esa sola oración quería decir que ya no eran propiedad de esclavistas blancos. La proclama los reconocía como seres humanos libres.

Comenzaron a bailar. Algunos exclamaban "¡Aleluya!". Otros se abrazaban, llorando. La libertad era un sueño que muchos creían que nunca se haría realidad.

Lo que no sabían era que la Proclama de Emancipación se había firmado ¡el 1.o de enero de 1863! A la gente de Galveston le tomó casi dos años y medio enterarse de la noticia que cambió el futuro de EE. UU. ¿Por qué se demoró tanto en llegarles a las personas esclavizadas de Texas esa noticia y la de la victoria de la Unión, que había sucedido dos meses atrás?

Una de las razones fue la ubicación. De todos los estados confederados, Texas era el que estaba más hacia el oeste, lejos de donde se había librado la guerra. A medida que las tropas del Norte comenzaron a ganar, algunos esclavistas abandonaron estados sureños ubicados al este, como Luisiana y Alabama, y se mudaron a Texas. Allí, establecieron nuevas plantaciones (granjas muy grandes), llevando consigo a sus esclavos para que trabajaran en sus nuevas tierras.

Un hombre que había sido esclavo, llamado Louis Love, recordó cuando tuvo que abandonar

de repente Nueva Orleans, Luisiana, luego de que soldados del Norte tomaran la ciudad. Su amo sabía que si sus esclavos eran liberados, tendría que pagarles. A la mañana siguiente, según Love, unas trescientas personas esclavizadas fueron obligadas a subir a unas carretas que las llevaron a Texas.

En Galveston y otros lugares de Texas, mucha gente blanca ya sabía de la Proclama de Emancipación. Sin embargo, a propósito, les ocultaron la noticia a sus esclavos; querían seguir beneficiándose del trabajo sin paga durante el mayor tiempo posible.

Tempie Cummins

Una antigua esclava llamada Tempie Cummins siempre recordó la historia que contaba su madre de cuando supo que era libre. En 1865, la madre de Cummins vivía en Brookeland, Texas, a unas doscientas millas de Galveston. Un día, escuchó por casualidad una conversación entre la pareja a quienes servía como esclava. ¡No pensaban decirles a las personas negras que eran libres hasta que no terminara la siguiente temporada de cosecha, o quizás dos más! Cummins recuerda que cuando su madre escuchó aquello, salió de su escondite, en la esquina de la chimenea, y gritó, golpeando sus talones cuatro veces: "¡Yo es libre! ¡Yo es libre!". Después, corrió al sembradío y les contó a los demás esclavos, y todos abandonaron su trabajo.

¡Ese fue el fin de la esclavitud en una plantación!

Además, no había muchos soldados de la Unión en Texas que pudieran informarle a la gente negra sobre la Proclama de Emancipación. Incluso después de que el general Granger hiciera el anuncio en Galveston, la noticia se tardó mucho más en llegar a otras ciudades de Texas.

El 19 de junio pronto se convertiría en un día feriado celebrado por todos los afroamericanos de Texas y del Sur. Décadas después, se reconocería como día feriado para todo el país: un día de jubileo, como a veces se le llama, para todos los estadounidenses. Un día feriado cuyo nombre salió de la combinación de las palabras en inglés "June" (junio) y "nineteenth" (decimonoveno): ¡Juneteenth!

CAPÍTULO 1
Siglos de esclavitud

Los años en que se practicó la esclavitud representan un periodo oscuro y cruel de la historia de EE. UU. El primer grupo de personas traídas a la fuerza de la costa oeste de África llegó a Virginia por barco en 1619. Luego, fueron vendidas en subastas a agricultores blancos adinerados para que trabajaran en sus plantaciones de tabaco. La esclavitud existió en todas las trece colonias originales de EE. UU., pero varios años antes de la Guerra Civil se había abolido en estados del Norte.

En el Sur, obligaban a la gente negra a trabajar durante largas jornadas, en labores agotadoras como recoger algodón y sembrar tabaco. Además, cocinaban para sus amos blancos, limpiaban sus casas y cuidaban a *sus* niños, mientras que sus propios hijos tenían que trabajar en el campo.

El pasaje del medio

La gente que fue raptada en el oeste de África fue obligada a embarcarse en navíos para hacer el difícil viaje a través del océano Atlántico. Este viaje se conoce como el "pasaje del medio".

La travesía era larga y ardua, y duraba muchas semanas; a veces, meses. Los barcos transportaban hasta seiscientas personas encadenadas, apiñadas en espacios muy reducidos. Ni siquiera había espacio suficiente para ponerse de pie, así que viajaban acostadas, unas junto a otras. Les daban un poco de agua y arroz hervido, apenas lo suficiente para mantenerlas con vida.

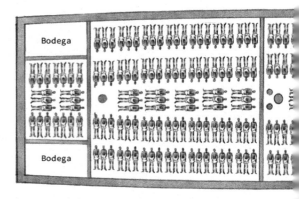

Algunos de los captores les permitían a sus prisioneros salir a la cubierta del barco para respirar aire puro por ratos muy breves, pero en la mayoría de los casos, los africanos pasaban todo el viaje encerrados bajo la cubierta, y el lugar se ensuciaba mucho. Muchos morían a causa de enfermedades, y a otros los mataban. ¡De hecho, los historiadores afirman que unos dos millones de personas murieron durante el pasaje del medio! Y a los que lograron llegar vivos al continente americano los esperaba la esclavitud.

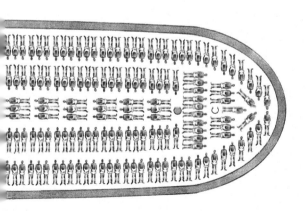

Los niños nacidos de personas esclavizadas se convertían automáticamente en esclavos. Les daban sobras de comida y trapos viejos para vestirse. No se les permitía aprender a leer ni a escribir.

¿Qué pasaba si no obedecían? Con frecuencia, los golpeaban muy duro. Como castigo, se podía separar a las familias. Los esclavistas solían vender solo a los padres o a los hijos a otras plantaciones en otros lugares del Sur.

La gente, a menudo, se pregunta: "¿Por qué las personas esclavizadas no huían?". ¡Muchos lo hicieron! De hecho, cerca de cien mil personas escaparon de la esclavitud. Pero el viaje hacia el Norte era difícil y peligroso. Si los atrapaban, los podían torturar o matar.

Subastas de esclavos

Antes de una subasta, las personas esclavizadas podían permanecer en una celda privada durante días o semanas. Cuando llegaba la hora de subastarlos, tenían que pararse uno junto a otro en el "piso de subasta". El subastador describía su fuerza y otras habilidades, y cada persona era vendida al mejor postor.

Con frecuencia, los miembros de una misma familia eran separados y vendidos a diferentes personas tan rápidamente que no tenían tiempo de despedirse. Estar en familia era una de las pocas cosas que daba consuelo a las personas esclavizadas. De manera que el hecho de que madres, padres o hijos fueran vendidos y llevados lejos resultaba todavía más doloroso.

Cuando Abraham Lincoln fue elegido presidente, en 1861, los esclavos y los abolicionistas se llenaron de esperanza. (Los abolicionistas eran personas, tanto blancas como negras, que luchaban por terminar con la esclavitud. Muchos vivían en el Norte). Se sabía que Lincoln estaba en contra de la esclavitud. Los dueños de las plantaciones temían que fuera a declarar ilegal la posesión de personas negras.

Después de que Lincoln asumió la presidencia, siete estados del Sur se separaron de EE.UU. y formaron su propio país llamado Estados Confederados de América. Lincoln les dijo que no podían hacer eso. Entonces, estalló la guerra. Cuatro estados más se unieron a la Confederación. ¿Por qué no querían permanecer en la Unión? Porque querían mantener vigente la esclavitud, y temían que Lincoln la aboliera.

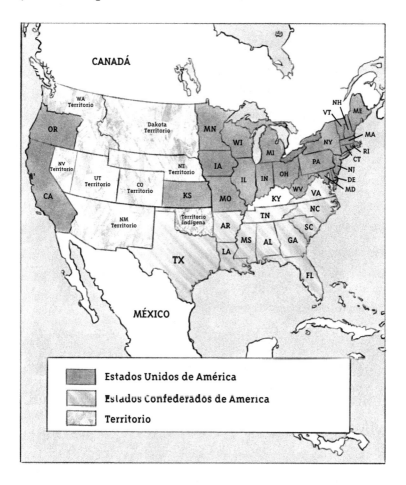

La posibilidad de ser libres le dio una gran esperanza a la gente negra de la Confederación. El primer paso de Lincoln hacia la libertad universal fue la Proclama de Emancipación, expedida el 1.º de enero de 1863.

¿Por qué no la usó para liberar a todos los esclavos?

Lincoln era un político sensato. En los estados limítrofes de Kentucky, Delaware, Maryland, Missouri y Virginia Occidental todavía se permitía la esclavitud. Pero estos estados habían decidido quedarse en la Unión en lugar de unirse a la Confederación. Lincoln quería evitar a toda costa que se separaran. Así que decidió no liberar a los esclavos que vivían allí para no disgustar a la gente blanca de esos estados limítrofes. Sin embargo, todos los esclavos de la Confederación obtuvieron de repente la libertad; así que abandonaron masivamente las plantaciones, y muchos se dedicaron a trabajar por la causa de la Unión, aunque sus condiciones de vida eran terribles.

Abraham Lincoln y la esclavitud

Abraham Lincoln fue presidente desde 1861 hasta 1865. (Fue asesinado al poco tiempo de terminarse la guerra, a manos de un hombre leal a la Confederación).

Lincoln creía que la esclavitud era algo malo, pero no creía que los negros y los blancos fueran iguales. Pensaba que las dos razas eran demasiado diferentes para poder vivir juntas. Lincoln llegó a considerar la idea de enviar a toda la gente negra de regreso a África, a un país llamado Liberia. Pero la idea ofendió profundamente a los abolicionistas. Decían que era injusto y malo sacar a la gente negra de un país que ellos habían ayudado a crear. Lincoln terminó por desistir de su plan. Primero, expidió la Proclama de Emancipación, que liberó a todos los esclavos de la Confederación. Tan pronto terminó la guerra, le otorgó la libertad a toda la gente negra de Estados Unidos, sin importar dónde vivieran.

Horace Greeley, editor del periódico *New York Tribune*

El 20 de agosto de 1862, el presidente Lincoln le escribió al editor del periódico *New York Tribune*: "Si yo pudiera salvar a la Unión sin liberar a un solo esclavo, lo haría; y si pudiera salvarla liberando a todos los esclavos, lo haría… Lo que yo hago respecto a la esclavitud y a la raza de color, lo hago porque creo que ayuda a salvar esta Unión".

CAPÍTULO 2
¡La lucha por la libertad!

En 1863, con la esperanza de fortalecer su ejército, el presidente Lincoln permitió que hombres negros lucharan del lado de la Unión. Al terminar la guerra, unos 198 000 hombres negros habían servido en las fuerzas militares, y a unos veinticinco se les otorgó la Medalla de Honor del Congreso. Entre ellos estaba William H. Carney.

William H. Carney
(29 de febrero de 1840 – 9 de diciembre de 1908)

William H Carney nació en Virginia, y vivió su niñez en la esclavitud. Se mudó con su familia a Massachusetts, donde eran libres.

En febrero de 1863, Carney ingresó al 54.º Regimiento de Infantería de Massachusetts del Ejército de la Unión, compuesto solo por hombres negros. Un mes después fue ascendido a sargento. En julio, después de que su unidad perdiera una batalla en Carolina del Sur, el sargento Carney logró rescatar la bandera de la Unión. Fue el primer afroamericano en realizar una acción merecedora de una Medalla de Honor, la cual le fue entregada el 23 de marzo de 1900, por su servicio militar.

Las mujeres negras, al igual que las blancas, no podían ser soldados. Sin embargo, hicieron uniformes y mantas para los soldados de la Unión. ¡También trabajaron como enfermeras y espías!

Mary Bowser fue una espía famosa. Usó varios alias (nombres falsos) para mantener oculta su identidad. Era una mujer negra libre que formaba parte de un grupo de espías liderado por una abolicionista blanca llamada Elizabeth Van Lew. Bowser trabajaba para Van Lew como empleada doméstica, pero como en Virginia los negros no podían ser libres, fingía ser esclava. Para colaborar con la Unión, Van Lew le alquiló los servicios de Bowser a Jefferson Davis, ¡que era el presidente de la Confederación!

Mary Bowser con Jefferson Davis y su esposa, Varina

Mientras limpiaba la casa de Davis, Bowser se enteraba de sus planes militares y los memorizaba. Después, le daba la información a Van Lew, quien se la pasaba al Ejército de la Unión. La labor de las mujeres que trabajaron como espías fue fundamental para la victoria.

Al fin, el 9 de abril de 1865, la Unión ganó la Guerra Civil. Sin embargo, la noticia tardó dos meses en llegar a la gente negra de Texas. Ahora, la pregunta importante era ¿qué iban a hacer con su recién obtenida libertad?

CAPÍTULO 3
Recién liberados

Algunas de las personas recién liberadas permanecieron en el lugar donde habían vivido esclavizadas. ¿Por qué? Bueno, porque sabían cómo cultivar la tierra donde habían vivido durante tantos años. Ahora, esperaban ganarse la vida trabajando en ellas como aparceros.

Aparceros

Los aparceros cultivaban una porción de tierra que en otro tiempo había pertenecido a esclavistas. Sin embargo, no eran dueños de la tierra. A cambio de su trabajo, les daban un lugar para vivir, que podía ser tan solo una choza. También les daban algunas herramientas y les permitían quedarse con una parte de sus cosechas. Era una vida muy dura.

Mucha gente consideraba que la aparcería era casi otra forma de esclavitud. Aun así, algunos aparceros eran felices porque eran independientes y ya no eran esclavos.

Muchos otros antiguos esclavos abandonaron las plantaciones de inmediato. Querían dejar atrás

su vida pasada. Se mudaron a ciudades donde podría haber más oportunidades para trabajar. Algunos formaron sus propias comunidades, conocidas como "pueblos de libertos". Estos pueblos surgieron por todo Estados Unidos, desde Nueva York hasta California.

Pueblo de libertos en Houston, Texas

Muchos de los pueblos de libertos estaban en Texas. Con frecuencia, el primer edificio en construirse era una iglesia, y después, una escuela. Estos pueblos tenían sus propios negocios, incluyendo tiendas de abarrotes y barberías. Además de sus pertenencias, la gente se llevó sus queridas tradiciones. Por ejemplo, la celebración de Juneteenth.

Algunas personas negras partieron a otras ciudades y pueblos en busca de sus familiares perdidos. Iban al estado adonde habían sido enviados sus seres queridos. Ponían anuncios del tipo "Se busca a…" en periódicos fundados por gente negra. Muchos buscaron durante años e incluso décadas, con la esperanza de reencontrarse con sus familiares.

El 14 de junio de 1883, una mujer llamada Polly McCray puso en un periódico de Luisiana llamado *Southwestern Christian Advocate* un anuncio que decía así: "Deseo encontrar a mis hijos. Balim era el mayor; Winnie, la menor; Annie vino a Texas y está muerta; Balim fue vendido a Gilbert Shivers, en el condado de Simpson, Mississippi, en Silver Creek. A mí me vendieron a su primo Henry Barry, y James Oatman me trajo a Texas.

Mi nombre entonces era Polly Shivers. No los he visto ni he sabido nada de ellos desde la guerra".

Historias tan dolorosas como la de Polly McCray explican por qué la celebración en familia se convirtió rápidamente en una parte importante

de las tradiciones de Juneteenth. Algunas personas se reunían cerca del último lugar donde sabían que habían vivido sus familiares. Hoy, los reencuentros familiares son una parte importante de Juneteenth.

CAPÍTULO 4
Las primeras celebraciones

Juneteenth podría haber sido un día de tristeza y lamentos. En junio de 1865, algunos antiguos esclavos podrían haber guardado resentimientos por haber sido los últimos en enterarse de que eran libres. Sin embargo, la gente negra  prefirió que Juneteenth fuera un día de alegría.

A partir de 1866, gente de todo Texas se reunía en Galveston, donde el teniente general Granger había leído la Orden General No. 3. La primera celebración de Juneteenth que está documentada tuvo lugar en la Capilla Reedy, una iglesia que continúa haciendo celebraciones de Juneteenth hoy en día. La gente vestía su mejor ropa. A finales del siglo XIX, los hombres podían llegar luciendo elegantes trajes de tres piezas, mientras que las mujeres llevaban hermosos vestidos largos. Con frecuencia, estos vestidos tenían cuellos altos, y los más costosos llevaban ribetes de encaje.

Ahora que eran libres, las personas negras podían vestirse como quisieran y ponerse tan elegantes como se les antojara. En las primeras celebraciones, las familias se reunían en parques o iglesias. Con frecuencia, se leía la Proclama de Emancipación en voz alta. Se cantaban espirituales

(cantos religiosos) que se interpretaban desde los tiempos de la esclavitud. Algunos de los más populares de la época eran "Many Thousands Gone" (muchos miles han partido) y "Go Down Moses" (desciende, Moisés).

Los espirituales

La música siempre ha sido importante para la comunidad negra. Las primeras personas que fueron raptadas en África y embarcadas a la fuerza, cantaban para consolarse unos a otros durante la terrible travesía. Años más tarde, en las colonias americanas, cantaban canciones conocidas como espirituales que, con frecuencia, incluían temas sacados de la Biblia. Los espirituales más lentos sobre momentos difíciles se conocían como canciones de lamento, mientras que los más animados, que expresaban alegría, se llamaron canciones de júbilo (*jubilees*

en inglés). También había canciones con mensajes secretos. Con estas canciones en código se les podía avisar a otros que había una oportunidad para escapar.

Por ejemplo, en "Swing Low, Sweet Chariot" (balancéate lentamente, dulce carruaje), el "dulce carruaje" aparentemente se refería a irse para el cielo. Pero cuando se cantaba en las plantaciones, ¡se cree que era un código para referirse al Tren Clandestino! (El Tren Clandestino no era un tren de verdad, sino un sistema de gente y lugares secretos que ayudaban a los esclavos a escaparse). De manera que los espirituales ayudaron a muchos a alcanzar la libertad.

Los desfiles también han sido muy importantes en Juneteenth. En las primeras celebraciones, soldados negros que habían combatido en la Guerra Civil encabezaban los desfiles montados en caballos adornados con cintas. Con el paso del tiempo, se rendía homenaje a la persona más vieja que había sido esclava. Estos ancianos contaban historias sobre su vida. Los celebraban por su sabiduría y su fortaleza, por haber sobrevivido tratos tan crueles.

¡Algo que no puede faltar en Juneteenth es comida deliciosa! Servir ciertos platos se ha convertido en costumbre. ¿Qué platos son estos? Fresas, *red velvet cake* (pastel de terciopelo rojo), sandía, carne asada en barbacoa y ponche rojo.

Quizás te hayas dado cuenta de que todas estas comidas son de un color rojo intenso. No es una coincidencia: el color rojo representa la valentía y la resistencia de los esclavos. También simboliza la sangre que derramaron las personas negras en su lucha por la libertad.

Otras actividades comunes en Juneteenth son juegos de béisbol, pesca y, a veces, rodeos. En la noche, pueden verse fuegos artificiales estallar en el cielo. ¿Esto hace que Juneteenth se parezca al Cuatro de Julio, el Día de la Independencia de Estados Unidos? El Cuatro de Julio se celebra el día en que los estadounidenses se declararon libres del dominio británico. Así que estos dos días feriados son muy parecidos. La principal diferencia es que en Juneteenth se celebra el día en que todos los habitantes de Estados Unidos fueron declarados legalmente libres.

CAPÍTULO 5
En busca de un espacio

Mucho tiempo después de haber sido liberadas, las personas negras seguían siendo tratadas como si no fueran iguales al resto. Hasta la celebración de Juneteenth se convirtió muy pronto en un reto. ¿Crees que esto detuvo a la gente negra en su búsqueda de la igualdad, o hizo que dejaran de celebrar Juneteenth?

¡Por supuesto que no!

Juneteenth se propagó desde Galveston a otras partes de Texas y más allá. Sin embargo, a veces, la gente blanca los sacaba de los parques públicos o se negaba a alquilarles espacios para sus eventos. A pesar de eso, la gente negra seguía celebrando Juneteenth, aunque el único lugar disponible para reunirse fuera debajo de un árbol.

No siempre había sido así. Tan pronto como se les dio la libertad a las personas esclavizadas, el Gobierno de EE. UU. les concedió algunos de los mismos derechos civiles que tenían las personas blancas. Este periodo se llamó la Reconstrucción. Los hombres negros podían votar y desempeñar cargos públicos. (Dos afroamericanos se convirtieron

en senadores de EE. UU.). Mucha gente negra comenzó a crear sus propios negocios. Esto disgustó a mucha gente blanca. Entonces, a finales de ese siglo, se aprobaron las Leyes Jim Crow. Estas leyes impusieron más restricciones a la manera de vivir de los afroamericanos. Fue por esto que se volvió difícil encontrar lugares para celebrar Juneteenth.

Las Leyes Jim Crow

Las Leyes Jim Crow se crearon en el Sur a finales del siglo XIX para mantener a la gente que no era blanca separada de la gente blanca. Esto se llama segregación. (Segregar significa separar). En todos los lugares públicos se practicó la segregación. Había restaurantes, hoteles, escuelas, baños públicos y hasta bebederos de agua "solo para blancos". Si a la gente de color se le permitía entrar a un edificio, tenía que usar una puerta aparte. Las Leyes Jim Crow tuvieron vigencia durante décadas en el Sur.

En 1872, un grupo de hombres negros que habían sido esclavos se reunió en Houston e hicieron planes para mantener viva la celebración de Juneteenth. Eran el reverendo Jack Yates, el reverendo Elías Dibble, Richard Allen y Richard Brock. En lugar de pedirle a gente blanca un espacio para celebrar Juneteenth, ¿por qué no comprar su propio terreno? Estos hombres juntaron su propio dinero (entre 800 y 1000 dólares), ¡que era bastante en aquella época! Y compraron diez acres de tierra en una zona de Houston llamada Third Ward. Al terreno lo llamaron Parque de la Emancipación.

Yates, Dibble, Allen y Brock crearon el Parque de la Emancipación

En Austin, Texas, un antiguo esclavo llamado Thomas J. White organizó un grupo de hombres de negocios que trabajaría por adquirir su propio parque. Se llamaron a sí mismos la Asociación del Parque de la Emancipación. White creía que el ser dueños de su propia tierra empoderaría a la comunidad negra. En 1907, White y su esposa,

Miembros de la Asociación del Parque de la Emancipación

Mattie B. White, compraron cinco acres de tierra en East Austin. Lo llamaron Parque de la Emancipación, como el parque de Houston.

Durante treinta años se realizó allí la celebración de Juneteenth de Austin. (Ahora se celebra en un área cercana llamada Parque Rosewood).

A unas dos horas al norte de Austin, en Mexia, una organización especial compró dieciocho acres de tierra específicamente para las celebraciones de Juneteenth. El área ahora se conoce como el Parque Brooker T. Washington. La comunidad

negra había estado celebrando allí el día de su libertad desde la emancipación. Ralph Long, un político negro de la comunidad, era conocido por dar discursos, desde la parte trasera de su carreta, a un público de veinte mil personas.

De manera que a pesar de las Leyes Jim Crow que regían en el Sur, la gente negra encontró la manera de hacer que Juneteenth se mantuviera vivo como una parte importante de su historia. Sin embargo, muchos otros decidieron abandonar el lugar que siempre habían considerado su hogar y dirigirse al Norte, con la esperanza de tener una mejor vida.

CAPÍTULO 6
La migración de Juneteenth

Al terminar la Guerra Civil, el noventa por ciento de los afroamericanos vivían en el Sur. Pero eso cambió. Con el tiempo, gente negra de todo el Sur migró a otros lugares del país para establecerse allí. ¿A dónde fueron?

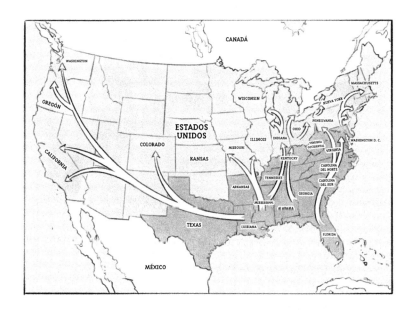

Grandes ciudades del Norte, como Chicago, Detroit y Nueva York, eran destinos populares. Mucha gente también migró a ciudades de California, como Richmond y Los Ángeles. Esperaban encontrar mejores oportunidades y escapar del racismo del Sur. De 1916 a 1970, alrededor de seis millones de personas negras abandonaron los estados del Sur. Este periodo se llama la Gran Migración.

Una familia negra se prepara para mudarse al Norte.

Si bien deseaban comenzar una nueva vida en el Norte, los sureños negros llevaron consigo sus tradiciones culturales, como la comida *soul*, la música de *blues* y los sombreros de vaquero (que usan los texanos). Con la Gran Migración, también Juneteenth llegó a otros lugares del país. En general, los texanos negros se mudaron a la costa Oeste. Era más fácil desplazarse a ciudades como San Francisco y Portland, así como Denver, que estaba un poco más al norte, que a las ciudades de la costa Este. Luego de que un miembro de la familia se establecía en un nuevo lugar, otros se le unían. Muy pronto, florecieron comunidades negras por toda la costa Oeste.

En 1915, un niño llamado Wesley Johnson Sr. y su madre se mudaron de Beaumont, Texas, a San Francisco, California. Su casa estaba en

Wesley Johnson Sr.

el distrito Fillmore, donde los migrantes negros del Sur estaban creando rápidamente una comunidad llena de música, arte y comida deliciosa. Wesley se convirtió en un exitoso hombre de negocios y, en 1945, organizó una celebración de Juneteenth en la calle Fillmore de San Francisco.

Ese mismo año, Clara Peoples llevó Juneteenth a Portland, Oregón. Peoples había nacido en Oklahoma, pero durante la Segunda Guerra Mundial se mudó a Portland para trabajar en los astilleros (lugares donde se construyen barcos). En esta época, muchas mujeres negras pudieron conseguir trabajos como este porque muchos hombres se habían marchado para combatir en Europa y la región del Pacífico.

Peoples se sorprendió al ver que Juneteenth no se celebraba en Portland. Entonces, les enseñó a sus compañeros de trabajo sobre esta fiesta, y la celebró con ellos. Luego de años de esfuerzo, en 1972, Peoples ayudó a organizar la primera celebración oficial de Juneteenth de Portland. Para entonces, Peoples ya era una apreciada líder de su comunidad que ayudaba a los pobres a través de su banco de alimentos. En 2011, se le nombró oficialmente "la madre de Juneteenth". Su nieta, Jenelle Jack, coordina ahora la celebración anual de Juneteenth en esa ciudad.

Clara Peoples con sus biznietas

La Gran Migración llevó Juneteenth al Norte y al Oeste, donde cada vez más personas negras conocieron la celebración. Lamentablemente, la mejor vida que deseaban los migrantes estaba, con frecuencia, fuera de su alcance.

CAPÍTULO 7
1968: se revive la celebración

El racismo estaba presente por todo Estados Unidos. Aunque en el Norte no regían las Leyes Jim Crow, había otras leyes que impedían que la gente negra tuviera las mismas oportunidades que tenía la gente blanca. Con frecuencia, se les negaban los buenos empleos, las viviendas dignas y las buenas escuelas. De 1950 a 1970, el país experimentó grandes cambios. Estadounidenses de todos los orígenes trabajaron juntos en la lucha por la igualdad de derechos para las personas negras. Este periodo se conoce como la era de los derechos civiles. Es muy importante porque se logró avanzar mucho.

Hubo olas de protestas pacíficas. Por ejemplo, la gente se rehusó a usar autobuses públicos que

Sentada de protesta en un local de almuerzos

obligaban a la gente negra a sentarse en la parte trasera; jóvenes estudiantes negros se sentaban durante horas en restaurantes donde solo atendían a personas blancas. Se hicieron marchas como la de Washington D. C., en 1963, en la que una enorme multitud de 250 000 personas protestaron por empleos justos e igualdad total.

Gracias al arduo trabajo del doctor Martin Luther King Jr. y otros, el Congreso aprobó en 1964 la Ley de Derechos Civiles, que fue firmada por el presidente Lyndon B. Johnson. Al año siguiente, se aprobó la Ley de los Derechos de Votación. Estas dos leyes abolieron las Leyes Jim Crow, prohibieron la segregación en lugares públicos, como hoteles y restaurantes, y acabaron con las prácticas que le habían impedido votar a la gente negra.

Martin Luther King Jr. en la Marcha de Washington

Sin embargo, Juneteenth perdió popularidad durante la era de los derechos civiles. ¿Por qué?

Los historiadores tienen algunas explicaciones. Algunos piensan que la gente negra dejó de celebrar Juneteenth porque se enfocaba demasiado en el pasado (en el momento, cien años atrás, en el que se había terminado la esclavitud). El movimiento por los derechos civiles, por otro lado, se estaba enfocando en el futuro y en garantizar los derechos

de las personas negras. Otros dicen que una de las metas del movimiento era integrar a la sociedad (unificar a las personas de todas las razas). En su opinión, Juneteenth, al ser un día feriado solo para la gente negra, segregaba a estas personas.

A pesar de eso, Juneteenth cobró vida en junio de 1968. Fue el resultado de un evento por los derechos civiles que no salió como estaba planeado: la Campaña de la Gente Pobre.

La Campaña de la Gente Pobre fue idea de Martin Luther King Jr. Un grupo enorme de gente de todas las razas marcharía de nuevo a Washington D. C. Esta vez, sería para exigir más programas de ayuda para todas las comunidades pobres, gente que no tenía suficiente dinero para alimentos ni para una vivienda digna. Trágicamente, el doctor King murió antes de que se realizara la marcha. El 4 de abril de 1968, un hombre blanco le disparó en el balcón de un motel en Memphis, Tennessee.

La muerte del doctor King estremeció a la nación. Pero no frenó sus planes, ya que su esposa, Coretta Scott King, que también lideraba el movimiento, y otro activista, el reverendo Ralph David Abernathy, se pusieron al frente de la Campaña de la Gente Pobre. El 13 de mayo de 1968, unas tres mil personas de todos los orígenes raciales (blancos, indígenas, asiáticos, latinos y negros) montaron filas de tiendas de campaña por todo el Paseo Nacional, en Washington D. C.

En esta época, mucha gente todavía vivía separada según el color de su piel. Se tenía la esperanza de que el Congreso aprobara una Carta de Derechos Económicos que le otorgara una mejor vida a la gente pobre. Se suponía que también se haría la Marcha de la Solidaridad el 30 de mayo, pero la fecha se cambió a última hora. La nueva fecha era el 19 de junio. ¡Juneteenth! La celebración de este día feriado mostraría que, aunque las personas esclavizadas habían sido emancipadas hacía más de cien años, mucha gente de color seguía viviendo en la opresión.

¿La gente acudió a la marcha? ¡Claro que sí!

En Juneteenth de 1968, más de cincuenta mil personas participaron en la Marcha de la Solidaridad. La señora King le habló a la gran multitud congregada en el Paseo Nacional acerca de "la enfermedad del racismo, la desesperación de la pobreza". Lamentablemente, el Congreso no aprobó la Carta de Derechos Económicos. Pero no todo estaba perdido. Fue en esa marcha cuando muchos oyeron hablar de Juneteenth por primera vez. Y al regresar a casa, se llevaron consigo el interés por ese día feriado. Juneteenth dejó de ser una celebración del pasado y se convirtió en una celebración que también honraba el presente y se enfocaba en la esperanza del futuro. Juneteenth continuó propagándose a más ciudades del país.

¿Cómo se celebra hoy? Bueno, eso depende de dónde vivas.

CAPÍTULO 8
Las celebraciones de hoy

En muchos lugares del país, siguen vivas las tradiciones de Juneteenth que había en 1866. Por lo general, las celebraciones se siguen realizando en parques. La gente escucha discursos y marcha en desfiles. Se disfrutan juegos y barbacoas. Todavía se disfrutan los platos tradicionales de color rojo. A fin de cuentas, ¡nada sabe tan rico como un pastel de terciopelo rojo!

Como la cultura negra de EE. UU. se ha desarrollado mucho, hoy también existen nuevas maneras de celebrar. "Lift Every Voice and Sing" (levanten todas las voces para cantar), una canción escrita en 1900 y reconocida como el Himno Nacional Negro del país, podría estar en el programa, seguida de una presentación de hiphop. La bandera panafricana, con sus franjas roja, negra y verde, puede ondear junto a la bandera oficial de Juneteenth.

La bandera de Juneteenth

En 1997, Juneteenth obtuvo su propia bandera, creada por Ben Haith, quien inició la Fundación Nacional para la Celebración de Juneteenth. Haith trabajó con la artista Lisa Jeanne Graf para diseñar un significativo símbolo del día feriado.

La bandera tiene una única estrella blanca en el centro, que representa dos cosas: el estado de Texas (conocido como "el estado de la estrella solitaria") y la libertad de la gente negra en los cincuenta estados. Alrededor de la estrella, una figura que simula una explosión representa una nova (así llaman los astrónomos a las estrellas nuevas). Esto simboliza un nuevo comienzo para la gente negra de Texas. La curva en el centro de la bandera representa un nuevo horizonte. Esto significa que hay nuevas oportunidades en el futuro para los estadounidenses negros.

Los colores de la bandera de Juneteenth son rojo, blanco y azul; los mismos de la bandera estadounidense. Es un recordatorio de que aquellos que vivieron en la esclavitud, al igual que sus descendientes, también son estadounidenses.

En 2007, se le añadió la importantísima fecha a la cual rinde honor: "June 19, 1865" (19 de junio de 1865).

Si estás en Fort Worth, Texas, el día de Juneteenth, puede que presencies el concurso de Miss Juneteenth. Este certamen les ofrece a jovencitas negras la oportunidad de aprender mucho sobre su pasado. Las concursantes escriben ensayos sobre la historia negra y trabajan para incrementar la conciencia de la gente sobre causas que les parecen importantes. Las ganadoras reciben una beca para ayudarles a pagar sus

estudios universitarios. El concurso de Miss Juneteenth nació en Texas; sin embargo, ahora también se realiza en ciudades como Las Vegas, Tampa y Milwaukee.

Milwaukee también es la sede de una de las más grandes celebraciones de Juneteenth. Se inició en 1971, con unos quinientos participantes. Hoy en día, acuden decenas de miles de personas. Siempre se ha hecho en la Casa del Barrio Northcott, que es un centro comunitario. En muchas ciudades, Juneteenth se celebra en fin de semana. En Milwaukee, sin embargo, se ha decidido que la celebración se realice exactamente el 19 de junio, incluso cuando el día feriado cae entre semana. En las festividades se tratan temas importantes para la ciudad. Los políticos saludan a los participantes y hablan sobre los asuntos que más preocupan a la comunidad negra. También se ha aprovechado para registrar a los ciudadanos para que voten en las siguientes elecciones.

En Flint, Michigan, podrías jugar un largo partido de *dodgeball* o competir en un concurso de salto de doble cuerda. O quizás, puedes participar en el desfile anual, que se parece mucho a los primeros que se realizaron en Texas.

Líderes de la comunidad, artistas y grupos de iglesias recorren los vecindarios negros de Flint, caminando, bailando o montados en autos. Paul Herring, copresidente de la celebración de Juneteenth de Flint, le explicó a un reportero del periódico *Flint Journal* por qué cree que Juneteenth sigue siendo importante: "Siempre digo que nosotros somos los hijos de aquellos

que decidieron sobrevivir". Raven Anderson recuerda las celebraciones de Juneteenth en su pueblo natal, Bastrop, Texas, cuando era niña. Más de 150 parientes maternos se reunían para cocinar para la enorme familia y para disfrutar la fiesta juntos. De día, hay un desfile en Main Street y, en la noche, hay un gran baile. Anderson se enorgullece de decir que las festividades de

Bastrop siempre incluyen a toda la gente del pueblo, sin importar la raza.

Durante más de 150 años, Juneteenth ha viajado a muchas ciudades y pueblos de todo el país, y puede que hoy sea un poco diferente en cada lugar; aun así, es la misma celebración. Siempre es un día para mostrar el orgullo de ser afroamericano.

Entonces, llegó el año 2020, cuando Estados Unidos (de hecho, el mundo entero) cambió a causa de una enfermedad llamada covid-19. De todos modos, Juneteenth se celebró, a pesar de que en toda la nación muchas actividades estaban paralizadas. La manera como se celebró fue diferente, pero su tema y la alegría se mantuvieron intactos.

CAPÍTULO 9
El Jubileo del 2020

¿Qué sucedió, entonces, en el año 2020? Quizás la pregunta más acertada sea: "¡¿y qué no sucedió?!". En marzo, se pararon casi todas las actividades en todo el país para frenar la COVID-19. Como la enfermedad se transmite de persona a persona, las autoridades sanitarias dijeron que la mejor manera de controlar el contagio era mantener a la gente separada. Millones de estadounidenses se encerraron en sus casas. Se cerraron oficinas, restaurantes, salas de cine y escuelas. Para los niños, que estaban en casa, "asistir a clase" significaba conectarse con sus maestros y compañeros a través de una computadora. Cuando la gente tenía que ir a lugares públicos, lo más seguro era ponerse una mascarilla que cubría la nariz y la boca.

Como muchos negocios tuvieron que dejar de funcionar, millones de personas se quedaron sin empleo. Tuvieron que arreglárselas para conseguir dinero para pagar su vivienda y su comida.

En primavera, mientras la gente todavía estaba tratando de asimilar la situación de la pandemia, ocurrieron más tragedias. A finales de mayo, un hombre negro llamado George Floyd fue detenido por la policía en Minneapolis, en respuesta a una acusación de que había usado un billete falso de veinte dólares en una tienda. Los oficiales de policía usaron la fuerza para tumbar a Floyd al suelo. Uno de ellos, Derek Chauvin, lo mató, presionando con fuerza su rodilla contra el cuello de Floyd durante casi nueve minutos, mientras este imploraba por su vida y decía que no podía respirar.

George Floyd

Una joven grabó la escena con su teléfono celular y compartió el video en las redes sociales. Muy pronto, por todo el país se desataron protestas por la muerte de George Floyd y otras personas negras a manos de la policía.

Antes, ese mismo año, había muerto una mujer negra llamada Breonna Taylor luego de que la policía le disparara mientras dormía en su cama. Y, en Georgia, tres hombres blancos persiguieron y mataron a tiros a un hombre negro llamado Ahmaud Arbery mientras trotaba. Estos asesinatos fueron recordatorios brutales de que, aunque la esclavitud se había terminado hacía mucho tiempo, la gente negra no podía vivir libre de los peligros que la gente blanca nunca tenía que enfrentar. Aunque todavía el país estaba en plena pandemia, no se podían ignorar esos asesinatos de personas negras. Así que, en respuesta, gente de todas las razas y orígenes se puso la mascarilla y salió a marchar en ciudades como Louisville, Minneapolis, Oakland y Detroit.

Ver a la gente negra luchar por su seguridad y por un trato justo no es algo nuevo. Entonces, ¿por qué este momento se sentía tan diferente? Bueno, esta vez parecía que más personas (sin importar su color de piel) estaban atentas. Padres de todos los orígenes conversaban con sus hijos sobre la historia del racismo en este país.

En Juneteenth del año 2020, las protestas continuaban con intensidad. Se estaba sosteniendo una conversación larga y en voz alta sobre el racismo. ¿Por qué era mayor el porcentaje de gente negra contagiada de covid-19 que de gente blanca? ¿Estaban recibiendo los enfermos negros los mismos cuidados que los blancos por parte de los médicos? Juneteenth recibió mucha atención porque, a la vez que celebró la libertad, formuló una pregunta importante: ¿Existía de verdad la igualdad para la gente negra en Estados Unidos?

En el parque Prospect, en Brooklyn, gente de todas las razas usó Juneteenth para participar en una protesta en bicicleta en honor a Black Lives Matter (las vidas negras importan), o BLM, por sus siglas en inglés. (Esta es una importante organización creada en 2013 por Opal Tometi,

Patrisse Cullors, Alicia Garza y Opal Tometi

Alicia Garza y Patrisse Cullors, que trabaja por la justicia racial, a menudo usando protestas para presionar al Gobierno de EE. UU.). Mientras tanto, a solo dos millas de allí, en el parque Fort Greene, cientos de personas se reunieron para disfrutar de la música, con sus mascarillas puestas. Muchos habían participado en protestas hacía apenas unos días, y ahora se estaban tomando el tiempo para celebrar y enfocarse en la alegría, como en las primeras fiestas de Juneteenth.

Debido a la pandemia, en muchas ciudades, como Denver y Portland, se realizaron eventos de Juneteenth en línea. En Houston, esta vez se hizo

un desfile virtual. Mucha gente disfrutó conciertos y lecturas de la Proclama de Emancipación desde su casa, frente a la computadora. Es probable que una familia hiciera una barbacoa y viera una película sobre historia negra. No era lo mismo que las grandes celebraciones en persona, pero para ellos era el mismo día feriado importante.

Como había nuevas energías dirigidas hacia la celebración y mucha más atención puesta en ella, la gente comenzó a preguntarse por qué Juneteenth no era un día feriado nacional. En 2020, los gobernadores de Massachusetts, Nueva Jersey, Nueva York y Virginia lo convirtieron en un día feriado estatal. Empresas como Twitter, Nike y Target les dieron el día libre a sus empleados por primera vez. Si el Cuatro de Julio era un día feriado nacional (un día que reconocía la independencia de *algunos* estadounidenses), ¿no debería haber un día feriado para recordar el día en que todos por fin fueron libres?

CAPÍTULO 10
Juneteenth se vuelve oficial

Aunque comenzó a celebrarse en 1866, Juneteenth no fue reconocido por un gobierno estatal hasta 1980. ¿Qué estado crees que fue el primero en hacerlo? ¡Texas, por supuesto! Al Edwards lo hizo posible. (Edwards fue miembro de la Cámara de Representantes de Texas de 1978 hasta su muerte, en 2020). Presentó un proyecto de ley en 1979 para que Juneteenth fuera un día feriado oficial, con la esperanza de que el Gobierno estatal lo aprobara.

Al Edwards

Sin embargo, algunas personas decidieron no apoyarlo. Un pastor negro conocido por dirigir enormes celebraciones de Juneteenth no lo apoyó. Como muchas otras personas, pensaba que los legisladores de Texas no se iban a tomar en serio ese proyecto.

Además, mientras Edwards trabajaba en su proyecto de ley sobre Juneteenth, otros se estaban esforzando mucho para que el cumpleaños de Martin Luther King Jr. se convirtiera en un día feriado federal. (Un día feriado federal es un día reconocido por el Gobierno de EE. UU. en el cual todas las oficinas del Gobierno están cerradas).

El Gobierno de EE. UU. todavía no había honrado de esta manera a ningún afroamericano. ¿No sería un gran distractor tratar de hacer que los dos días se reconocieran como días feriados oficiales? A muchos les preocupaba que los dos proyectos estuvieran compitiendo. Edwards, por su parte, creía que los dos días debían y podían ser reconocidos. Demostrando el mismo espíritu de los antiguos esclavos, Edwards no se rindió. En 1980, Juneteenth se convirtió en un día feriado estatal en Texas. Por sus esfuerzos, Edwards recibió el apodo de "Míster Juneteenth".

Al Edwards y Miss Juneteenth, en 1980

El Día de Martin Luther King Jr. (MLK)

Martin Luther King Jr. y Coretta Scott King

Después del asesinato de Martin Luther King Jr., en 1968, Coretta Scott King trabajó con legisladores para que su cumpleaños fuera reconocido como un día feriado en todos los cincuenta estados. En noviembre de 1983, el presidente Ronald Reagan firmó el proyecto de ley del Día de Martin Luther King Jr., convirtiéndolo en un día feriado federal.

El Día de MLK se celebró por primera vez como día feriado federal en 1986. De todos modos, cada estado debía decidir si lo adoptaba o no. No fue sino hasta el año 2000 (treinta y dos años después) que todos los estados lo reconocieron. (El cumpleaños de MLK es el 15 de enero, pero el día feriado se celebra siempre el tercer lunes de enero). A partir de entonces, no habría actividades ese día en ninguna oficina del Gobierno ni en ninguna escuela pública.

Ese día se reconoce la importante labor que MLK llevó a cabo para beneficio de toda la gente de EE. UU. (no solo los afroamericanos). La idea es que las personas no simplemente se tomen el día libre, sino que se involucren en actividades comunitarias (por ejemplo, trabajando en una huerta de su vecindario) para contribuir a la causa del servicio y la igualdad en Estados Unidos.

En 2020, todos los estados, excepto Dakota del Norte, Dakota del Sur y Hawái, ya estaban observando formalmente Juneteenth de alguna manera. El siguiente paso era convertirlo en un día feriado federal, como se hizo con el Día de MLK y el Cuatro de Julio. Como es natural, muchas de las personas que lideraron esta lucha eran de Texas. Una de ellas fue Opal Lee, una maestra jubilada que creció en las ciudades de Marshall y Fort Worth. Lee nació en 1927, y conserva recuerdos maravillosos de las celebraciones de Juneteenth en las instalaciones de las ferias locales, a las que acudía con su familia.

Opal Lee

Lee entiende la lucha por la igualdad porque tiene que ver con su propia vida. Cuando ella tenía doce años, su familia compró una casa en un barrio de mayoría blanca. A muchos de sus nuevos vecinos no les gustaba que los Lee se hubieran mudado allí. Una noche, unas quinientas personas blancas arrojaron piedras a la casa y la incendiaron. Nadie fue arrestado, y esto obviamente impactó mucho a Opal Lee, quien ha dedicado su vida al servicio, tanto como maestra como activista de Juneteenth. En 2016, a los 89 años, Lee caminó desde su casa en Fort Worth hasta Washington D. C. (¡un total de 1402 millas!) para llamar la atención sobre Juneteenth y su meta de convertirlo en un día feriado federal. Cada día caminaba dos millas y media como símbolo de los dos años y medio que se demoró en llegarles la noticia de su emancipación a las personas esclavizadas de Galveston.

Otra persona que apoyó con determinación la idea de hacer de Juneteenth un día feriado federal fue la congresista de Texas Sheila Jackson Lee. Ella intentó, año tras año, que el Congreso aprobara un proyecto de ley con ese propósito.

El proyecto se llamaba Ley de Juneteenth, Día Nacional de la Independencia, y en 2020 ya contaba con el apoyo de más de ochenta miembros del Congreso. En 2020, Jackson Lee le dijo a un reportero de la revista *Time*: "Algo que tienen los días feriados nacionales es que ayudan a educar a la gente sobre el tema". Lo que quiso decir es que muchas más personas aprenderán sobre Juneteenth y su importancia para todos los estadounidenses.

La congresista
Sheila Jackson Lee

En 2021, todo el arduo trabajo de la congresista Jackson Lee, Opal Lee y muchos otros dio su fruto: el 17 de junio, el presidente Joe Biden firmó la Ley de Juneteenth, Día Nacional de la Independencia, ¡convirtiéndolo así en un día feriado federal! La ley se hizo efectiva de inmediato, así que el primer Juneteenth que se celebró como día feriado nacional fue el del año 2021.

¿Cómo piensas celebrar Juneteenth este año?

Línea cronológica de Juneteenth

1619 — Traen a Virginia a los primeros africanos esclavizados

1860 — Carolina del Sur se separa de Estados Unidos

1861 — Otros diez estados se separan

1863 — El presidente Lincoln firma la Proclama de Emancipación

1865 — El Ejército de la Unión gana la Guerra Civil

— El teniente general Gordon Granger lee la Orden General No. 3 en Galveston, Texas

1866 — Juneteenth se celebra por primera vez

1872 — Tres empresarios compran el terreno que se convertiría en el Parque de la Emancipación de Houston

1916 — Comienza la Gran Migración

1941 — Estados Unidos ingresa a la Segunda Guerra Mundial

1968 — Es asesinado el doctor Martin Luther King Jr.

— El 19 de junio, 50 000 personas participan en la Marcha de la Solidaridad, en Washington D. C.

1980 — Juneteenth se convierte en un día feriado estatal en Texas

1997 — Se crea la bandera de Juneteenth

2013 — Se inicia el movimiento Black Lives Matter (las vidas negras importan)

2016 — Opal Lee camina de Fort Worth, Texas, a Washington D. C.

2020 — Estadounidenses de todas las razas protestan contra la brutalidad policial hacia la gente negra

2021 — Juneteenth se convierte en un día feriado federal

Línea cronológica del mundo

1848 — Se firma el Tratado de Guadalupe Hidalgo, que pone fin a la Guerra entre México y Estados Unidos

1860 — Comienza a funcionar el Pony Express

1861 — Abraham Lincoln es elegido presidente de EE. UU.

1900 — "Lift Every Voice and Sing" (levanten todas las voces para cantar) se interpreta en público por primera vez

1920 — Florece el Renacimiento de Harlem en la ciudad de Nueva York

1939 — Billie Holiday graba la canción "Strange Fruit" (extraño fruto)

1957 — Ghana se independiza del dominio británico

1961 — Nace en Hawái el presidente Barack Obama

1964 — Se aprueba la Ley de Derechos Civiles

1968 — Se realiza el Congreso de Escritores Negros de Montreal

1984 — Se publica en Japón el primer manga de *Dragon Ball*

1996 — Se funda la Asociación Nacional de Baloncesto Femenino de EE. UU. (WNBA, por sus siglas en inglés)

2013 — Muere el activista y presidente sudafricano Nelson Mandela a los 95 años de edad

2018 — Sahle-Work Zewde se convierte en la primera mujer presidenta de Etiopía

2020 — Estalla la pandemia de covid-19

Bibliografía

*Libros para jóvenes lectores

Berry, Daina Ramey, and Kali Nicole Gross. *A Black Women's History of the United States*. Boston: Beacon Press, 2020.

*Cooper, Floyd. *Juneteenth for Mazie*. North Mankato, MN: Capstone Young Readers, 2015.

Gordom-Reed, Annette. *On Juneteenth*. New York: Liveright Publishing Corporation, 2021.

*Johnson, Angela, and E. B. Lewis. *All Different Now: Juneteenth, The First Day of Freedom*. New York: Simon & Schuster Books for Young Readers, 2014.

*Wesley, Valerie, and Sharon Wilson. *Freedom's Gifts: A Juneteenth Story*. New York: Simon & Schuster Books for Young Readers, 1997.

Wilkerson, Isabel. *The Warmth of Other Suns*. New York: Random House, 2010.

Zinn, Howard. *A People's History of the United States*. New York: HarperCollins, 2003.

La bandera de Juneteenth

Celebración de Juneteenth en Filadelfia, Pensilvania, en 2018

Una carroza en el desfile de Juneteenth en Galveston, Texas

Villa Ashton, en Galveston, Texas

Marcha y Celebración de la Libertad de Juneteenth en Seattle, en 2020

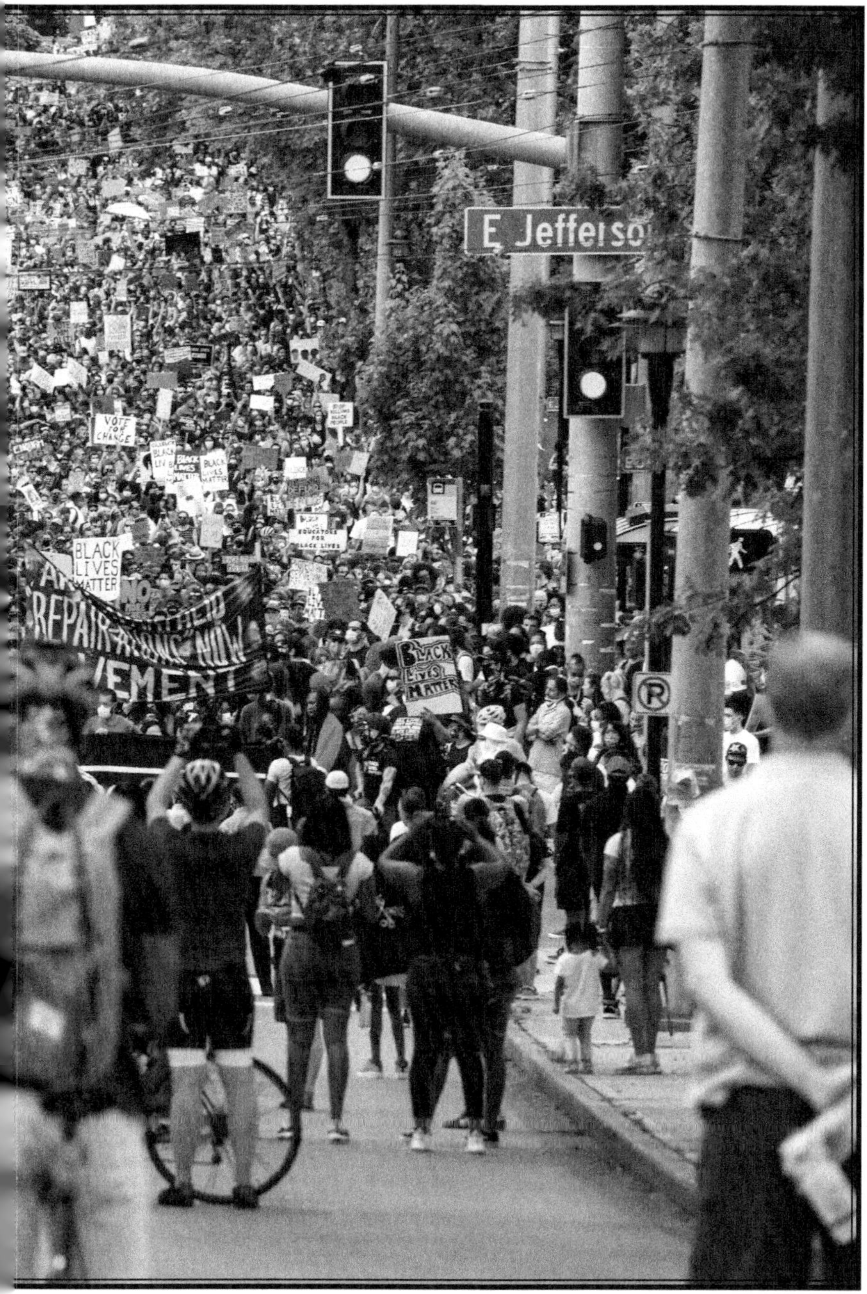

E. Jefferson

BLACK
LIVES
MATTER

VOTE
CHANGE

BLACK
LIVES
MATTER

REPAIR
MENT

Un artista camina en zancos durante una celebración en Filadelfia, Pensilvania.

Bailarinas en una celebración de Juneteenth en Brooklyn, Nueva York

Míster y Miss Juneteenth en la celebración de Milwaukee, Wisconsin, en 2021

Barbacoa de Juneteenth en Boston, Massachusetts

Unas personas observan el original de la Proclama de Emancipación en el Edificio de los Archivos Nacionales.

La primera página del original de la Proclama de Emancipación

Impresión de una pintura famosa que muestra a personas esclavizadas enterándose de su emancipación

Dos sargentos afroamericanos del Ejército de la Unión

Juego de jalar la cuerda en una celebración de Juneteenth en Riverside, California

Opal Lee, que trabajó con empeño para hacer de Juneteenth un día feriado federal

Estatua de William H. Carney en Norfolk, Virginia

Sheila Jackson Lee, representante de Texas en la Cámara de EE. UU.

El presidente Joe Biden firma la ley que convirtió Juneteenth en un día feriado federal, en 2021.